COUP D'ŒIL GÉNÉRAL

SUR

LE CANADA

GÉOGRAPHIE, STATISTIQUE, POLITIQUE, FINANCES,

BANQUES, PRODUCTION, COMMERCE,

PAR

Edmond FARRENC.

Extrait du Journal des Économistes
Numéro de septembre 1874.

PARIS

GUILLAUMIN ET Cᵉ, ÉDITEURS

Du Journal des Économistes, de la Collection des principaux Économistes, du Dictionnaire universel
du Commerce et de la Navigation, du Dictionnaire de l'Économie politique, etc.
14, RUE RICHELIEU, 14

1874

COUP D'ŒIL GÉNÉRAL

SUR LE CANADA

GÉOGRAPHIE, STATISTIQUE, POLITIQUE, FINANCES,

BANQUES, PRODUCTION, COMMERCE.

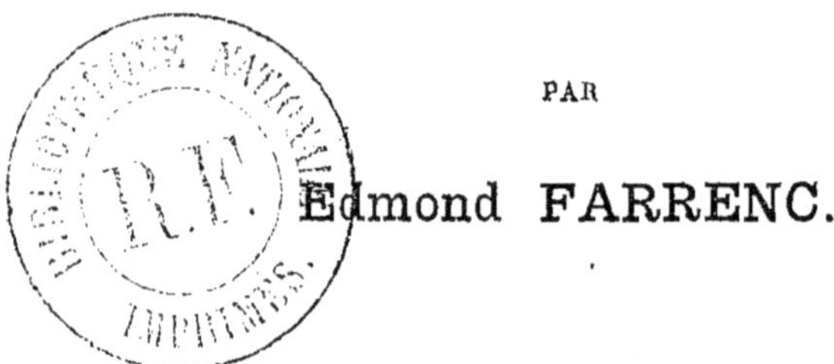

PAR

Edmond FARRENC.

Extrait du Journal des Économistes
Numéro de septembre 1874.

Le Canada est la portion du continent de l'Amérique du Nord
la plus grande, la plus fertile et la moins connue. On peut se faire
une idée de son étendue en mesurant la distance qui se trouve
entre ses limites et en comptant le nombre d'océans, de lacs et de
baies, véritables mers intérieures, qui le baignent et l'entrecou-
pent. Le Canada est cerné par trois océans : l'Océan arctique au
nord, l'Atlantique à l'est, le Pacifique à l'ouest; au sud, par les
États-Unis. Il contient dans sa partie centrale et orientale, cinq
grands lacs, l'Ontario, le lac Érié, le lac Huron, le lac Michigan,
le lac Winipeg et d'autres encore. Des fleuves et des rivières le
sillonnent en tout sens. Parmi ceux-ci nous citerons le Saint-Laurent, le Mackensie, qui se jette dans l'Océan arctique, l'Ottawa,
le Saguenay et plus de vingt cours d'eau dont quelques-uns sont
presque tout aussi importants. Le territoire du Nord-Ouest et la
Colombie britannique renferment aussi une quantité considérable
de lacs, de rivières et de fleuves à peine connus des hydrographes
et des géographes. Grâce à la position qu'il occupe, grâce aussi à

la présence de ses grands bassins, de ses rivières, de ses fleuves et de ses baies, telles que, la baie d'Hudson, la baie Fundy, la baie des Chaleurs sur l'Atlantique, plusieurs baies sur les côtes du Pacifique et la baie Georgienne près du lac Huron, le Canada possède une étendue de côtes considérable et des pêcheries plus nombreuses qu'aucun autre pays du monde. On évalue l'étendue des côtes baignées par les trois océans à près de 15,000 kilomètres, réserve faite, bien entendu, des rivages baignés par les lacs, les baies, les fleuves et les rivières.

Le Canada est divisé, politiquement, en sept provinces et un territoire. Ces provinces sont : l'Ontario, Québec, Nouvelle-Écosse, Nouveau-Brunswick, Manitoba, la Colombie britannique, l'île du Prince Édouard ; le territoire porte le nom de territoire du Nord-Ouest. Il ne reste aujourd'hui, en dehors de cette organisation politique des possessions britanniques de l'Amérique du Nord, que l'île de Terre-Neuve qui y entrera très-probablement dans un avenir très-prochain.

Un homme d'un grand mérite, missionnaire à la fois éclairé et plein de zèle, l'évêque Taché, partage le territoire du Nord-Ouest en trois bassins : le bassin arctique, le bassin du Winipeg, le bassin intermédiaire. La description qu'il donne de ces trois bassins dans son « Esquisse sur l'Amérique du Nord », ce qu'il dit des fleuves qui le traversent, des rivières qui le parcourent et des populations qui l'habitent, est, dit-on, d'une grande exactitude et d'un intérêt non moins grand. Les personnes désirant connaître l'Amérique du Nord ne sauraient mieux faire que de consulter la brochure écrite à ce sujet par Mgr Taché.

La superficie totale du Canada, exception faite de l'île du Prince Édouard qui vient d'entrer dans la confération et de l'île de Terre-Neuve destinée à y entrer, est de 5,620,000 kilomètres carrés, c'est-à-dire qu'elle l'emporte de 176,000 kilomètres sur celle des États-Unis et qu'elle est inférieure à celle du continent de l'Europe de seulement 240,000 kilomètres carrés, environ.

S'il fallait juger de la température atmosphérique du Canada par la position qu'il occupe sur la carte, on serait tenté de croire qu'il possède à la fois le climat de Copenhague et celui de Rome, car il se trouve placé à peu près sous la même latitude que ces deux villes. Il n'en est rien toutefois, ce pays échappant complètement à l'action du courant tropical qui, sous le nom de *gulf-stream* vient réchauffer l'occident de l'Europe. Ce courant, dont la température est de 20 à 30 degrés plus élevée que celle du milieu qu'il traverse, se trouve remplacé par des courants polaires à basse température qui préviennent tout rapprochement à latitudes égales avec le climat de l'Europe, l'hiver seulement, car l'été la différence est à peine sensible.

On jugera de l'influence de ces courants, lorsque nous dirons qu'au 41ᵉ degré, par exemple, la différence, à latitudes égales, est en hiver, de 8 degrés ; de 11 degrés et demi au 51ᵉ de latitude et de 25 degrés au 58ᵉ. Cette différence n'existe, bien entendu, que pour la partie qui confronte à l'Atlantique; dans la partie occidentale, baignée comme les États-Unis par les eaux du Pacifique et soumise comme notre continent aux influences thermales des courants inter-tropicaux, le Canada jouit d'un climat tempéré pareil à celui de la France.

Malgré cet écart entre latitudes égales, le sol du Canada est admirablement adapté à la culture des céréales, des légumes, de la betterave et de toutes les variétés de fourrage, ainsi qu'à l'élève du bœuf, du mouton et du cheval. Il produit également tous les fruits de l'Europe centrale, la pêche, la prune, le coing, le raisin, les melons, etc. L'été étant même plus chaud que dans le Midi de la France, la végétation s'y développe avec une rapidité qui tient du prodige. Là où le sol n'est pas mis en culture, croît un fourrage touffu, ou bien, des forêts aux essences variées dont l'exploitation alimente plus de deux mille scieries et donne du travail à plus de 50,000 personnes. On compte plus de soixante variétés de bois parmi lesquelles le cèdre, l'érable, le noyer, le chêne, le pin, etc., et l'*acer saccharinum*, ou arbre à sucre que l'on rencontre le long du parcours du Saint-Laurent, et dans le voisinage de la vigne sauvage dont les forêts sont couvertes.

Le Canada expédie aux États-Unis des quantités considérables de bois, une bonne partie de ses chevaux, de ses bêtes à cornes et de son fourrage dont il se défait à des prix rémunérateurs. Évidemment ce commerce n'y existerait pas si le climat faisait obstacle à l'élève du bétail, ou si les États-Unis étaient mieux placés que le Canada pour ce genre d'exploitation. Les objections soulevées par la rigueur des hivers tombent donc devant le fait de cette concurrence.

II

La population du Canada se partage en sept groupes principaux remontant par leur origine ou la naissance aux nationalités suivantes :

Anglais	760.369
Français	1.212.940
Irlandais	846.414
Écossais	549.946

Allemands......... ....   202.991
Hollandais..................... .....   29.664
Africains et nègres............. ......   21.496
                                         —————————
                                         3.623.820

Auxquels il faut ajouter :

Indiens.... ....   23.055
Divers.. ....   28.374
                                         —————————
                                         3.675.249

La population totale des quatre principales provinces du Canada est répartie entre elles de la façon suivante :

Province d'Ontario...................... ....   1.595.178 habitants.
   —   de Quebec..... ....   1.181.484   —
   —   du Nouveau-Brunswick.......   282.189   —
   —   de la Nouvelle-Écosse ....   380.976   —
Indiens et autres...................... .....   44.878   —
                                                  —————————
                                                  3.484.696 habitants.

A ce chiffre, il faut ajouter :

Province du Manitoba.................   11.853 habitants.
   —   du prince Édouard...........   100.000   —
Colombie britannique................ ....   50.000   —
Territoire du nord-ouest..............   28.700   —
       Population totale.......   3.675.249 habitants.

A ces chiffres, extraits du recensement de 1870, confié aux soins du sous-secrétaire d'État au département de l'agriculture et du commerce, l'honorable M. Taché, nous ajouterons la division par culte, nécessaire à ceux qui s'occupent de politique. Il ne faut pas perdre de vue que les questions agitées dans le Parlement canadien celles surtout qui se rattachent à l'éducation, ne sont bien souvent qu'une émanation, un reflet pour ainsi dire, de l'idée religieuse. Aussi voit-on les Canadiens se grouper, dans leurs débats parlementaires, bien plutôt sous le coup de cette influence que sous celle plus logique et tout aussi caractéristique de l'influence de race. Les chiffres suivants peuvent donc servir, dans une certaine mesure, à savoir comment votent les Canadiens sur les questions affectant l'ordre moral ou les intérêts publics qui s'y rattachent.

		Presbytériens.	615.700
Groupe protestant..	{	Dissidents....	944.270
		Anglicans	493.000
Groupe catholique (1.532.000).......			1.532.000
Autres cultes......................			89.279
Population totale.......			3.675.249

D'après ces chiffres, la population protestante du Canada ne serait guère en excédant de la population catholique que d'environ 600,000 âmes. Ce rapport entre les cultes divers explique pourquoi ni la majorité, ni la minorité, dans le Parlement canadien, ne répond exactement au chiffre de la descendance, mais obéit bien plutôt, ainsi que nous venons de le dire, à des considérations de l'ordre religieux et moral.

Le Canada étant un pays à la fois agricole et maritime, le gros de la population s'adonne de préférence aux travaux rustiques et à la pêche. Cette population active et laborieuse en appelait toutefois une autre qui n'a pas tardé à se montrer. Le Canada possède plusieurs villes se peuplant avec une rapidité relativement égale à celle des villes américaines, et appelées, ainsi que ces dernières, à devenir de grands entrepôts commerciaux et des centres d'industrie. Parmi celles-ci, nous citerons Montréal, située sur le fleuve Saint-Laurent, dans la province française de Québec. La population de cette ville, les faubourgs compris, atteint aujourd'hui le chiffre de 160,000 âmes. La ville de Québec, capitale de la province de ce nom, compte 75,000 âmes ; Toronto, capitale de la province d'Ontario, en possède 60,000 ; Saint-John, dans le Nouveau Brunswick, 45,000 ; Halifax, ville de la Nouvelle-Écosse, 30,000 ; Ottawa, siége du du gouvernement et capitale de la confédération, 25,000 ; Hamilton, 27,000 ; Kingston, 15,000. Ces villes et d'autres encore sont, dans notre opinion, destinées à recevoir une population égale en importance et supérieure par le choix à celle des grandes cités de l'Amérique du Nord. Il n'y aurait rien d'étonnant, par exemple, à ce que Montréal, entrepôt principal du commerce canadien n'arrivât à compter, comme New-York, plus d'un million d'habitants et cela dans un avenir assez prochain. Un simple coup d'œil sur les relations déjà établies entre cette ville et l'ouest des États-Unis, d'un côté, et l'Europe de l'autre, suffira, nous l'espérons pour faire partager notre opinion aux plus incrédules. Ajoutons que, pendant la dernière décade, l'émigration européenne au Canada a été, toute proportion gardée, plus considérable qu'aux États-Unis, dont on se détourne aujourd'hui pour se diriger vers des contrées offrant autant de ressources et une sécurité plus grande.

III

Ce que nous venons de dire des États-Unis, pays travaillé par des discordes intestines, d'autant plus dangereuses qu'elles se trouvent déguisées sous des apparences trompeuses d'union, nous amène à dire un mot du gouvernement et de la politique au Canada. Ces deux ressorts principaux de la vie nationale importent avant tout, aux pays cherchant à inspirer la confiance, source de toute prospérité comme de toute grandeur. Les institutions sont comme l'âme d'un pays ; et quand celles-ci sont mauvaises, le corps souffre et languit ; il est soumis à des convulsions périodiques qui éloignent de lui le crédit, la richesse et la puissance. Cette vérité est d'autant plus sensible, qu'elle ressort du contraste offert par les deux communautés qui se partagent le continent de l'Amérique du Nord. Le gouvernement canadien emprunte à 4 0/0, le gouvernement des États-Unis ne trouve pas à emprunter à 5. La raison de cette anomalie apparente gît, non pas dans l'infériorité de ses ressources (les États-Unis étant plus riches que le Canada), mais dans le système politique qui, chez les Américains, est loin d'offrir des garanties d'ordre et de sécurité égales à celles que l'on rencontre chez les Canadiens.

Nous n'avons pas l'intention de faire ici une revue rétrospective de la politique au Canada, ni de raconter les luttes que soutinrent les Canadiens français contre la race à laquelle les avaient livrés la faiblesse et l'incurie de Louis XV. Un pareil travail, pour être intéressant, exigerait des développements étrangers au but que nous nous proposons dans cet article. Nous laisserons donc là ce qui se rattache au passé, pour esquisser brièvement ce qui se rapporte au gouvernement actuel.

Ce gouvernement est un mélange de traditions et de coutumes monarchiques, qui chaque jour perdent du terrain en raison de l'absence de toute aristocratie et de tout monarque, et d'institutions démocratiques et républicaines qui, en vertu de l'expansion croissante du suffrage universel, vont sans cesse se fortifiant au préjudice du passé. Ce fut en 1867, il y a à peine sept ans de cela, que les possessions britanniques de l'Amérique du Nord prirent le nom de *Dominion*, se fédéralisèrent et se donnèrent une constitution. Cette constitution établissait un gouvernement nouveau et plaçait le pays sous le régime fédératif, à l'exemple des États-Unis et de la Suisse, sauf certaines modifications importantes, inhérentes à son titre de colonie anglaise et qui donnaient plus de force au pouvoir central.

L'acte que le Canada venait d'accomplir était spontané et relevait uniquement de la volonté nationale. Il consacrait, en quelque sorte, son autonomie, et l'Angleterre qui, par l'organe de ses hommes les plus éminents, est disposée à lui laisser la plus grande latitude sur ce point accepta et se contenta de ratifier, pour la forme, la constitution qui lui fut soumise.

Inutile de dire que le contrat politique qui venait d'être passé entre les différentes provinces reconnaissait à chacune d'elles des libertés locales très-étendues. Les mœurs, la langue, les lois, la religion, les institutions, tout ce que les habitants des provinces susdites considéraient comme partie intégrante de leur patrimoine, y était l'objet d'un respect profond.

En conséquence de cette latitude, chaque groupe formant la confédération, quoique d'origine différente, peut aujourd'hui marcher sans entraves et se développer en toute liberté, sans rien perdre des qualités qui le caractérisent. Il est, au contraire, permis d'espérer qu'ils gagneront au contact l'un de l'autre, en raison même de la lutte engagée sur le terrain de la prépondérance sociale et politique.

Au Canada, le gouvernement se compose d'un double rouage : le rouage fédéral et le rouage provincial. Le rouage fédéral comprend le gouvernement général nommé par la reine d'Angleterre ; le Sénat, dont les membres sont nommés, à vie, par le gouverneur, sur la proposition du cabinet ; et la Chambre des communes dont les membres sont élus par des électeurs censitaires, payant un loyer de 100 francs, ou ayant un revenu équivalent.

Le second rouage a pour champ d'action les différentes provinces fédérées et reproduit sur une plus petite échelle, le mécanisme fédéral. Les gouvernements provinciaux se composent d'un Lieutenant-Gouverneur, nommé par le Gouverneur-Général, d'un Conseil législatif, nommé à vie, et d'une Chambre de représentants élue de la même façon que la Chambre fédérale. La province anglaise d'Ontario, la plus considérable par sa population et sa richesse, fait exception à la règle. Elle se gouverne avec une seule chambre au lieu de deux. Pour tout le reste, son gouvernement est absolument le même.

En ce qui concerne la disposition des terres publiques, dont elles disposent, l'administration, l'emploi et la distribution des revenus à l'intérieur, la justice, le droit de propriété, les rapports de citoyens entre eux, en un mot, pour tout ce qui touche au fonctionnement du gouvernement civil, les provinces exercent une souveraineté à peu près absolue. La reine d'Angleterre ne s'est réservé d'autre droit que celui de frapper de veto les décisions du Parlement fédéral, et le Gouverneur les décisions des Parlements provinciaux. Mais il ne paraît pas que ni l'une, ni l'autre aient jamais eu l'occasion de l'exercer, et ce privilége, le seul dont jouisse la couronne d'Angleterre, est bien plutôt là comme un vestige inerte du passé que comme un principe actif, affectant en quoi que ce soit la liberté et l'indépendance du Canada.

Sur bien des points le gouvernement du Canada ressemble, on le voit, à celui des États-Unis; il s'en écarte profondément sur d'autres, et cet écart suffit pour communiquer aux institutions un caractère tout différent. Aux États-Unis, par exemple, le gouvernement est livré sans défenses ni garanties, au suffrage universel illimité, c'est-à-dire à la démocratie pure, sauf une ou deux exceptions, comme le Sénat et la Cour suprême. Aussi, ce système y a-t-il donné naissance aux brigues, aux cabales, à la corruption à tous les degrés de la hiérarchie sociale. Les deux grands corps politiques que nous venons de citer n'échappent même pas à ces influences délétères. Ceux-ci ne parviennent à se soustraire à l'étreinte du suffrage universel que pour tomber sous le coup des monopoles. Comme aux États-Unis, l'État n'a pas la haute main sur les travaux publics qui sont abandonnés à des compagnies justiciables, seulement, des législatures locales; celles-ci ont soin de remplir ces assemblées de leurs créatures de façon à exploiter tout à leur aise les priviléges dont elles jouissent; de telle sorte, que, du haut en bas de l'échelle, on se trouve en face d'agissements malsains, funestes au maintien des institutions libérales, de celles-là même qui paraissaient se trouver au-dessus des atteintes de la démocratie pure.

Au Canada, le gouvernement se trouve bien aussi entre les mains de la démocratie, mais d'une démocratie tempérée. L'électeur est d'abord tenu de payer un loyer de 100 francs ou l'équivalent de cette somme; l'éligible, lui, doit représenter un certain avoir. Ensuite, le suffrage universel n'y dispose pas de toutes les fonctions, comme aux États-Unis. Les traditions conservatrices, l'expérience et les lumières y sont représentées par un gouverneur général nommé par la reine, par les gouverneurs provinciaux choisis par ce dernier, et par un sénat nommé à vie par la reine ou son représentant, sur une liste fournie par le cabinet canadien. Ces trois corps ne sont pas électifs; leur titre à la confiance publique repose sur d'autres éléments que la loi du nombre. Le nombre, il est vrai, gagne du terrain tous les jours, ainsi que nous venons de le dire; mais, grâce au frein que lui imposent les institutions, il gagne aussi en lumières. Le jour où le nombre est éclairé, il cesse d'être dangereux; il reconnaît l'autorité du talent, de l'expérience et du caractère, et il consent volontiers à les prendre pour guide. Nous n'avons pas besoin de nommer ici les pays où cette preuve nous est fournie; il nous suffit de citer le Canada et l'Angleterre.

Il est difficile, après cela, de caractériser d'un mot les institutions canadiennes; de dire, par exemple, si elles appartiennent plutôt à la monarchie qu'à la république, ou plutôt à la république qu'à la monarchie. Quelle que soit, du reste, l'opinion à cet égard, une chose est certaine ; c'est que le Canada s'appartient et qu'il est maître, sauf une faible attache qu'il lui est facile de rompre, de disposer de son sort comme il l'entend. Aujourd'hui le Canada possède l'indépendance, c'est-à-dire la liberté de choisir. C'est donc vers l'avenir qu'il nous faut regarder pour savoir à quelle forme politique il donnera la préférence.

Depuis la confédération des provinces canadiennes, depuis, surtout, qu'il a été démontré que le Canada était, par position, un pays de transit pour les produits de l'ouest des États-Unis qui descendent de Chicago à Montréal par les lacs, pour, de là, se rendre en Europe par la voie du fleuve Saint-Laurent, ce pays a pris une importance qu'on ne lui avait pas soupçonnée d'abord. Ce sentiment s'explique tout naturellement. Un pays, en lui-même grand, riche et fertile, par où doit passer une portion considérable du commerce du monde ; une ville appelée, par conséquent, à devenir la rivale de New-York, — Montréal, — voilà, certes, bien des raisons pour attirer à soi l'attention et donner l'éveil aux intérêts commerciaux, maritimes et industriels. Aussi, en Angleterre, où l'on est toujours à l'affût des entreprises nouvelles, se préoccupe-t-on fort du Canada. Pas une grève agricole n'éclate chez les Anglais, sans qu'aussitôt les grévistes ne tournent les yeux vers ce pays. Les trois compagnies de bateaux à vapeur qui le desservent régulièrement sont obligées d'accroître, chaque année, le nombre de leurs navires, tellement l'émigration et les affaires y suivent une marche ascendante. Comme conséquence naturelle de ce mouvement, les voies ferrées s'y multiplient et le nombre des compagnies minières vouées à l'exploitation du charbon de terre, du minerai de fer, de cuivre, d'étain et d'or, va toujours grossissant. Certaines sociétés pour la culture du sol et la coupe des bois y font d'excellentes affaires, ainsi que le témoignent les actions cotées à la bourse de Londres. Enfin, l'accroissement de la richesse publique représentée par l'accise ou perceptions à l'intérieur et les droits de douane (quelque modérés que soient ces deux impôts), témoignent, mieux que ne le ferait une plus ample énumération des ressources du pays, du progrès rapide réalisé par le Canada depuis l'établissement de la confédération, c'est-à-dire depuis 1867.

Au nombre des moyens employés par les Canadiens pour se rendre compte du développement de la prospérité publique, il en est un, outre ceux dont il va être bientôt question, que nous citons à cause de son originalité et aussi parce qu'à leurs yeux, c'est là une méthode sûre d'en mesurer le progrès. Ce moyen, c'est le service de la poste. Or, ce service a presque doublé en quatre ans. Le nombre de lettres qui, en 1868, était de 18 millions, en chiffre rond, s'élève, en 1872, à plus de 30 millions. Le chiffre des journaux est dans une progression croissante. De 18 millions qu'il était en 1868, il s'élève à 24 millions en 1872. En même temps, la valeur totale des importations et des exportations qui se chiffrait par 473 millions en 1866-1867, monte, tout à coup, à plus d'un milliard de francs en 1872-1873. A ce propos, on a remarqué que ce chiffre d'affaires était relativement plus élevé qu'aux États-Unis, et qu'il donnait 300 francs par personne sur une population de 4 millions, tandis qu'aux États-unis où le chiffre d'affaires est de 6 milliards environ, et la population de 40 millions, il ne donne que 162 francs 50 centimes.

Voilà donc le Canada, pays à peu près inconnu en France, qui s'élève tout à coup au rang de grande puissance commerciale. Nous ne parlons pas ici de ses origines, de ses mœurs, de ses institutions, de sa langue, de sa littérature et de sa religion, les unes reproduisant à deux mille lieues de nous et dans de certaines limites les anciennes coutumes de notre pays, les autres exprimant dans un langage chaleureux, souvent éloquent et poétique, mais toujours patriotique, des sentiments de profond attachement pour notre patrie. Ces considérations, d'un ordre spécial, n'entrent point dans le cadre de notre article. Aussi ne les signalons-nous en passant que pour montrer que le Canada se présente à nous sous le double aspect d'un pays à la fois riche et progressif et sous celui, non moins intéressant à nos yeux, d'ancienne colonie française.

IV.

On a dit souvent : pas de bonne politique sans de bonnes finances. Renversez cette proposition, et vous la trouverez également vraie. Les finances sont à un pays ce que la circulation artérielle est au corps. Elles lui distribuent la nourriture et communiquent à ses principaux organes la chaleur et la vie. Une nation a beau produire la richesse par tous ses pores, comme les États-Unis, par exemple ; elle sera pauvre si ses finances sont mauvaises. Les crises périodiques qui troublent et bouleversent ce dernier pays, le discrédit qui s'attache à la plupart de ses entreprises, l'impossibilité où il se trouve, malgré les ressources dont il jouit, de se débarrasser de son papier de circulation auquel il se trouve lié aussi irrévocablement que Sisyphe à son rocher ; tout, dans son organisation économique — finances, impôts, commerce, — confirme et démontre la vérité de cette proposition.

Le Canada, fort heureusement pour lui, est dans une position toute différente. Sauf une émission de 60 millions de francs du gouvernement fédéral, faite en vue de faciliter les transactions et d'offrir une plus grande garantie aux porteurs de petites coupures et les émissions des banques (ces deux valeurs remboursables en or, sur demande), la monnaie du pays est représentée par des espèces métalliques.

On porte à environ 36 le nombre des banques au Canada, et à 275 millions de francs leur encaisse métallique. Ces banques peuvent, d'après la loi, porter leur émission au niveau du capital versé, à la condition d'avoir, par devers elle, et à titre de réserve, le tiers de leur circulation en billets du gouvernement. Le pays ayant, en matière d'organisation financière, une grande latitude, — les banques, par exemple, étant soumises au régime des sociétés anonymes, — on a craint, tout d'abord, que celles-ci ne se multipliassent outre mesure. C'est à tort, toutefois; et l'on nous assure que l'accroissement des banques obéit aussi rigoureusement au principe économique de l'offre et de la demande que toute autre chose. Le danger auquel celles-ci sont exposées ne vient donc pas d'un vice inhérent à leur constitution, ni d'une concurrence menaçante, mais bien du taux excessif de l'intérêt sur dépôt. Cet intérêt est de 5 0/0 pour toutes les banques. Nous n'avons pas besoin de dire ici que ce chiffre nous paraît être hors de toute proportion avec les avantages offerts par les dépositaires.

Cette pratique vicieuse, justifiée, jusqu'à un certain point, par le prix élevé de l'argent, ne doit pas nous rendre injuste envers les institutions financières du Canada dont la solidité a été, jusqu'ici, au-dessus de tout soupçon. Nous trouvons, du reste, une preuve évidente du crédit dont elles jouissent, dans l'accroissement rapide, régulier et constant de leur encaisse. Celui-ci est monté dans l'espace de deux ou trois années seulement, de 150 millions à 275 millions de francs. En d'autres termes, le capital des banques canadiennes qui, en 1870, ne s'élevait pas au-dessus de ce premier chiffre, passe au second, c'est-à-dire, croît de 85 0/0 dans une période fort courte. Cette progression rapide est non-seulement un indice certain de confiance, elle prouve, en même temps, un développement considérable d'affaires, gage le meilleur que le Canada puisse offrir de l'abondance de ses ressources et de sa prospérité.

Si des institutions privées destinées à venir en aide à l'agriculture, au commerce et à l'industrie, nous passons au pays lui-même, nous trouvons, inscrite au passif de son Grand-Livre, une somme de 410 millions de francs. Cette dette provient, en grande partie, d'emprunts contractés en Angleterre, et affectés à des travaux publics et à d'autres dépenses. Parmi les premiers, nous signalerons le chemin de fer international, ayant un parcours de 554 kilomètres et coûtant, à lui seul, 100 millions de francs ; puis, la création et l'élargissement de canaux destinés à faciliter aux gros vaisseaux la route des lacs entre Chicago et Montréal. A présent, les canaux construits le long du Saint-Laurent, le plus grand fleuve de l'Amérique du Nord après le Mississipi (il mesure 2,384 milles de son embouchure à sa source), ne portent guère que des navires d'un tirant d'eau de 9 pieds anglais ; et le canal Welland, qui contourne la chute du Niagara et met le lac Ontario en communication avec le lac Érié, n'a guère que dix pieds de profondeur. Le but que se propose le gouvernement est de les creuser jusqu'à 22 pieds, de façon à ce qu'ils puissent donner passage aux plus grands navires. De la sorte, nos grands steamers pourront partir du Havre, en destination de Chicago, par le Saint-Laurent et les lacs, et retourner avec un chargement de grains, sans rompre charge.

La seconde partie de l'emprunt de 410 millions a été consacrée à l'achat du territoire du Nord-Ouest, naguère propriété de la Compagnie de la baie d'Hudson. Ce territoire, d'une superficie de 25 millions de kilomètres carrés, et dans lequel trois ou quatre républiques comme la France tiendraient à l'aise, a été payé, par le Gouvernement, la bagatelle de 7 millions et demi de francs. Une somme égale a été appliquée à l'établissement des routes destinées à le rendre accessible aux colons et à la création d'un gouvernement régulier appelé à protéger la vie et la propriété des citoyens. Le restant de l'emprunt a été affecté au payement de la dette d'une province canadienne, — la Colombie britannique, — qui n'a consenti à faire partie de la Confédération qu'à cette condition et à celle, plus difficile à remplir, d'être traversée par le chemin de fer du Pacifique ; puis, à quelques autres menues dépenses telles que le tracé du chemin du fer susdit, dont le coût est de 2 millions et demi de francs.

Jetons, maintenant, un coup d'œil rapide sur le budget du Canada, et voyons à quels chiffres s'élèvent ses revenus et ses dépenses. Pendant l'année 1872-1873, finissant le 30 juin, celles-ci figuraient au passif pour environ 100 millions de francs. Au nombre de ces dépenses entre, en première ligne, l'intérêt de la dette publique, qui, à lui seul, s'élève déjà à plus de 25 millions de francs ; après cela, viennent les sommes affectées aux travaux publics, considérables pour la plupart ; ensuite, les subsides fournis aux provinces, ceux absorbés par l'émigration, les services de la guerre, de la marine, etc., etc.

Pour faire face à ces dépenses, le Canada emploie un système d'impôts simple et peu coûteux, et qui roule presque exclusivement sur deux services publics, les douanes et l'accise. A eux deux, ces services payent 86 0/0 de la dépense totale. Voici, du reste, le budget de l'année 1872-73, qui exprime, d'une manière succincte et frappante, la source des revenus publics.

Douanes............	Fr.	63.735.060
Accise............		22.268.355
Poste............		4.160.990
Travaux publics....		6.149.915
Timbres de factures.		996.780
Divers............		3.356.620
Francs....		100.667.720

On voit, d'après ces chiffres, que les recettes et les dépenses du gouvernement canadien se font à peu près équilibre, et présentent même un petit excédant d'environ 1 million de francs. Les finances du Canada se trouvent donc être dans d'excellentes conditions. En vue de les y maintenir, le cabinet libéral qui vient d'arriver au pouvoir, sous la présidence de M. Mackensie, a jugé prudent d'augmenter les revenus du pays, en frappant d'un droit de 1 à 2 0/0 certains articles d'importation et de consommation intérieure. La moyenne des droits de douane, qui était de 12 3/4 0/0, se trouve élevée par là, d'environ 1 0/0. Cette surélévation du tarif et de l'accise a été adoptée, dans la session du Parlement qui vient de finir, en vue de faire face aux frais de construction du chemin de fer du Pacifique, dont le parcours sera d'environ 3,000 kilomètres, et au creusement des canaux qui doivent donner passage à des navires ayant 22 pieds de tirant d'eau, et faire le trajet entre Chicago et Montréal.

Il y a, du reste, ceci à dire en faveur du Cabinet actuel, qu'il se trouve placé dans une position exceptionnelle à laquelle il a dû forcément faire face. Ce que nous venons de dire des finances du Canada n'a trait, bien entendu, qu'au gouvernement fédéral, et ne concerne aucunement les gouvernements provinciaux, qui ont, eux aussi, une dette et un budget plus ou moins équilibré. Or, l'année dernière, et sur la proposition du cabinet conservateur, aujourd'hui remplacé, le Parlement décida que la dette du Haut et Bas-Canada ferait partie de la dette fédérale; ce qui, naturellement, accrut le chiffre de cette dette de plus 100 0/0. Il y avait, de plus, près de 60 millions portés au compte des travaux publics, et plus de 20 millions à celui des subsides accordés aux provinces, notamment à l'île du Prince Edouard, nouvellement entrée dans la Confédération, qui ne figuraient pas au budget. Telle est la situation que le nouveau ministre des finances est venu exposer à la Chambre, situation appartenant exclusivement au ministère tombé, et qui a forcé le ministre actuel de demander un service d'impôts. Le fait est que le budget canadien, que déguisait sous le chiffre modeste, mais trompeur, de 100 millions de francs, le dernier ministre des finances, M. Tilley, s'élevait en réalité, à 200 millions, somme à laquelle M. Cartwright, le ministre actuel, porte l'évaluation budgétaire pour l'exercice 1874-75.

V

Nous voudrions pouvoir ajouter à ce travail une exposition détaillée des produits naturels du Canada, et parler des industries diverses, des commerces nombreux et des moyens de transports multiples auxquels ils ont donné naissance, soit pour les rendre vendables, soit pour leur trouver des marchés au dehors. Nous sommes toutefois forcé, faute d'espace, de borner ce que nous avions à dire là-dessus à quelques indications générales, sauf à y revenir une autre fois.

Les produits naturels du Canada sont : le bois, le pétrole, le fromage, la potasse, le poisson, les viandes salées et fumées, le charbon de terre, le fer, le cuivre et l'or.

L'année dernière, la ville de Montréal a reçu plus de 4 millions et demi de boisseaux de blé, dont la presque totalité a passé à l'étranger; 8 millions de boisseaux de maïs, dont les neuf dixièmes ont pris le même chemin; 1 million 1/2 de boisseaux de pois, 120,000 boisseaux d'orge, 536,000 boisseaux d'avoine, 832,000 barils de farine.

Les bois de construction et d'ébénisterie constituent une des branches les plus importantes de la production du Canada. Pendant l'année 1872, la province d'Ontario et la province de Québec ont exporté en planches, madriers et autres, 732 millions de pieds, estimés à plus de 35 millions de francs. Les États-Unis sont les grands consommateurs de bois de Canada; ils figurent pour 96 0/0 dans le chiffre total des exportations; et l'Amérique du Sud pour 3 1/2 0/0 seulement.

La ville de Montréal trouve dans la préparation et l'exportation des viandes salées et fumées les éléments d'une industrie et d'un commerce à la fois considérable et fructueux. Pendant l'année 1871-72 l'exportation de cet article a atteint le chiffre de 28,000 barils sur lesquels 20,000 sortaient de ses abattoirs. Pendant la même période la fabrication du beurre et du fromage, deux industries naissantes, ont fourni à l'exportation 19 millions de livres du premier article et 17 millions du second.

La pêche forme une des principales richesses du Canada. On trouvera dans le tableau suivant, et dans ses quatre principales provinces, seulement la valeur du poisson pêché et vendu ainsi que celle de l'huile en provenant.

Nouvelle-Écosse........   Fr. 30.084.175
Québec...............   6.600.945
Nouveau-Brunswick....   9.827.250
Ontario...............   1.338.785

Fr. 47.851.155

Voici donc un produit, un seul, dont la valeur se chiffre déjà par 48 millions, sans compter les pêcheries de l'île du Prince Edouard qui vient de s'annexer et celles bien autrement importantes, de l'île de Terre-Neuve qui, très-probablement, s'annexera dans un temps assez prochain.

Le Canada possède un grand nombre de puits à pétrole dont une bien faible partie, seulement, est en état d'exploitation. On évalue à 30 millions le capital employé à l'extraction du pétrole et à 20 millions de galons soit, 80 millions de litres environ, la quantité fournie en 1871-72 par les puits sur lesquels on travaille. La moitié au moins, de cette quantité, soit 40 millions de litres ont pris la route de l'étranger.

Nous ne croyons pas nous écarter de la vérité en disant que le Canada avec son immense territoire, ses climats divers, son sol, sur bien des points ravagé par des convulsions volcaniques, est, au point de vue minéralogique, tout aussi riche, tout aussi bien partagé que les États-Unis. Malheureusement sa population ne s'étant pas accrue dans la même proportion que dans ce dernier pays, ses richesses minérales sont encore, en grande partie, inconnues, ou inexploitées. Déjà, plusieurs travaux fort intéressants ont été faits en vue de les mettre en lumière. Le gouvernement pousse avec zèle et intelligence ses recherches dans cette direction, et a chargé plusieurs géologues du soin de découvrir et de décrire les gisements minéralogiques qui existent sur différents points. Les résultats connus et publiés fourniraient matière à plusieurs volumes. Disons, en passant, que le Canada possède un grand nombre de mines de charbon et d'immenses lits carbonifères encore inexploités, faute de moyens de communication. La province de la Nouvelle-Écosse possède à elle seule, en état d'exploitation, 25 mines de charbon, 30 mines d'or, 2 mines de fer, une mine de baryte, une mine de manganèse, etc. Une dizaine de mines d'or, plusieurs mines de cuivre et de fer sont également en opération dans les deux provinces de Québec et d'Ontario.

Des produits que nous venons d'énumérer, le Canada a exporté pendant l'année 1872-73, finissant le 30 juin, pour une valeur exprimé dans le tableau suivant :

Produit des mines..............	Fr.	25.544.895
— des pêcheries...........		23.731.075
— des forêts.............		143.527.820
Bétail, beurre et fromage.........		66.440.735
Céréales......................		74.766.790
Objets fabriqués................		14.900.085
Objets divers..................		8.921.620
Constructions navales à Québec...		3.914.500
	Fr.	361.747.520

Si on ajoute à ce chiffre les exportations des produits d'origine étrangère, de l'or et de l'argent ainsi que celle provenant des provinces du Manitoba et de la Colombie Britannique, on arrive à un chiffre total de 453 millions en chiffres ronds.

Ainsi qu'il arrive dans tous les pays nouveaux, le chiffre des importations au Canada, dépasse de beaucoup celui de ses exportations. Nous avons déjà dit dans le courant de cet article que ce dernier s'élevait à près de 952 millions de francs pour l'année fiscale 1871-72. Sur cette somme, le commerce de la France bien qu'en voie de progrès et de progrès sensible, est encore très-faible ; pendant la même année il s'est élevé à 9,498,531 francs, tandis que pour l'Angleterre il atteignait en chiffres ronds 325 millions et pour les États-Unis 180 millions.

Il est vrai que le commerce direct entre la France et le Canada n'est pas le commerce réel. Celui-ci embrasse, indépendamment du commerce direct résultant des statistiques officielles, un commerce indirect par l'Angleterre qui ne laisse pas d'être considérable. Toutefois, les profits pour nos négociants et producteurs en sont affectés de toute manière ; ils le sont par les prélèvements d'intermédiaires, et l'augmentation des frais de transport et de manutention qu'occasionne la voie indirecte ; ils le sont encore, et très-notablement, lorsqu'il s'agit de nos vins et eaux-de-vie, les deux principaux articles de nos exploitations au Canada, par l'altération et la falsification de ces articles. Confié en des mains étrangères, ce commerce indirect constitue d'ailleurs une perte de frêt pour nos armateurs.

Si le commerce de la France est en progrès d'une manière absolue, il ne l'est pas relativement aux autres pays. Le mouvement commercial de l'Allemagne avec le Canada, par exemple, constate à notre désavantage, une différence très-notable. Ainsi tandis que les exportations de l'Allemagne en 1871-72 augmentaient de 62, 53 0/0, celles de France ne gagnaient que 43 0/0, ce qui constitue en faveur de la première une différence de 17 1/2 0/0. Pour les importations, l'écart est bien autrement considérable. Les articles de provenance canadienne entrés en Allemagne pendant la même période accusent un accroissement de 123 0/0, tandis que pour la France l'augmentation n'est que de 34 0/0.

L'Allemagne s'est déjà emparée au détriment de la France d'une partie des marchés canadiens, et elle est en train de nous supplanter pour les articles de mode et de fantaisie qu'elle expédie dans les provinces du Canada pour une valeur moindre encore, mais en un volume plus considérable que ne le fait la France.

Ce mouvement de l'Allemagne sur le marché canadien, la concurrence qu'elle fait à nos articles de mode pour lesquels l'industrie française est demeurée, jusqu'ici, sans rivale, devraient — en dehors d'autres considérations, — engager notre commerce et notre industrie à s'occuper d'une façon toute spéciale du pays dont nous venons de nous efforcer de caractériser les richesses et de signaler les progrès. Il est une autre raison qui devrait les y porter ; c'est le mouvement économique dont l'Amérique du Nord est, en ce moment, le théâtre, mouvement dont l'objet est d'abolir les barrières fiscales entre le Canada et les États-Unis, c'est-à-dire d'appliquer, sur une vaste échelle et pour certains articles, les doctrines libre-échangistes dans ce qu'elles ont de plus radical. Les deux pays viennent, en effet, de signer un traité qui, sous le nom de traité de réciprocité, admet en franchise, dans chacun d'eux, tous les produits bruts et un certain nombre d'articles fabriqués. Toutes les matières que les économistes appellent *extractives* parce qu'elles sont tirées du sol où elles gissent, pourront également, entrer d'un pays dans l'autre, sans payer de droit. Au nombre des articles stipulés jouissant du même privilége, nous remarquons : les animaux et tous les produits agricoles sans exception, et les produits des forêts, des pêcheries et des mines.

Au nombre des articles manufacturés se trouvent les machines et les instruments servant à l'agriculture ; le cuir et les chaussures ; les machines pour la confection des chaussures ; les peaux de buffle préparées ou non, les sacs en coton pour les grains ; certaines étoffes nommées *jeans, denins, drillings, tickings* ainsi que les *plaids* ou schalls de coton ; toutes les cotonnades ; les *satinets* de laine ou de coton ; les *tweeds* de laine ; les meubles, les voitures, les pompes à incendie, les machines à vapeur ; le fer en barres, en cercles, en gueuses et en feuilles ; le vieux fer, les clous, les fiches, les ressorts, la fonte et les articles en fonte, les locomotives, les machines pour moulins et bateaux à vapeur ; les articles fabriqués en bois, alors même que les différentes parties en seraient reliées avec du fer ; le papier à imprimer les journaux ; les machines à papier, les presses à imprimer ; les caractères d'imprimerie ; tous les articles employés dans ces derniers établissements ; les wagons de chemins de fer ; enfin l'acier forgé ou fondu, en plaques ou en rails.

Ces articles ne seront affranchis complètement qu'au bout de deux années. Ce délai a été stipulé en vue de les soustraire à la spéculation et afin de donner aux interêts affectés le temps de se reconnaître et de se préparer au fonctionnement du traité libre-échangiste. La première année, les droits seront réduits d'un tiers seulement, d'un autre tiers pendant la seconde année. Ce ne sera qu'à la troisième année que toute espèce de droits devront disparaître. La durée du traité est fixée à vingt-et-un ans ; il ne devra prendre fin qu'après avis préalable des parties contractantes donné par l'une d'elles, ou par toutes deux, trois ans avant son expiration.

Ce traité contient, en outre, d'autres clauses destinées à affecter encore plus directement les intérêts respectifs des deux pays, celle, entre autres, par laquelle les navires construits au Canada sont placés sur un pied d'égalité avec les navires construits aux États-Unis et enregistrés, comme ces derniers, dans tous les ports de l'Union. Cette clause est destinée à produire, avec le temps, deux effets considérables. Le premier, sera de rétablir la marine marchande américaine ruinée par la guerre de sécession et qui n'a pu se relever depuis cette époque, en raison des droits onéreux dont sont frappés les matériaux entrant dans les constructions navales ; le second, d'alimenter les chantiers du Canada et de donner une activité plus grande à cette branche de l'industrie nationale. La chose est d'autant plus sûre que, par suite de sa position exceptionnelle comme grand producteur de bois, les constructions navales de ce pays reviennent à meilleur marché que les constructions similaires, en Angleterre.

De leur côté, et en échange de ces concessions, les États-Unis ont obtenu certains priviléges tels que la liberté de navigation sur les fleuves, lacs et rivières canadiens, l'achèvement, aux frais du Canada, de plusieurs canaux devant relier ce pays à certains points de l'Amérique du Nord ; et enfin, le droit de pêche sur toutes les côtes maritimes de la confédération. Telles sont, croyons-nous, en gros et d'une façon générale, les dispositions principales du traité de réciprocité et l'exposition sommaire des principes libre-échangistes appelés à fonctionner, dans une période assez courte, entre les deux grands pays dont la surface embrasse la presque totalité de l'Amérique du Nord.

Ce traité est approuvé des deux gouvernements et il n'attend plus que sa ratification par les chambres des deux pays qui doivent se réunir, l'une à Ottawa, l'autre à Washington, vers la fin de l'année. Inutile de dire ici qu'il n'est pas accepté sans protestations, par un petit groupe d'industriels et de commerçants dont les intérêts se trouvent atteints en apparence et momentanément, par certaines clauses. Dans sa dernière réunion, la Chambre de commerce de Montréal a demandé des garanties au gouvernement et, à Philadelphie, un petit nombre d'industriels, alarmés, se sont élevés avec violence contre son adoption. Il n'était guère possible qu'il en fût autrement. On ne change pas les rapports économiques entre deux pays sans s'exposer à porter un certain trouble parmi les intérêts privés plus particulièrement exposés à en souffrir. Mais, tout en ménageant ces derniers autant que faire se peut, le devoir d'un gouvernement est avant tout de se placer, non pas à un point de vue particulier, mais au point de vue des intérêts généraux. C'est là ce que le cabinet Mackensie paraît avoir fort bien compris : et le zèle éclairé qu'il apporte à la réalisation de ce traité dont il est, en partie, l'auteur et au succès duquel il attache, avec raison, une grande importance, nous est un sûr garant des avantages qu'il présente. Il sera du reste, facile aux deux pays, de remédier aux imperfections qui pourront se rencontrer dans l'application et à revenir sur les parties défectueuses s'il s'en trouve. Pour le moment, nous n'avons qu'à applaudir. Quoique le traité de réciprocité soit destiné à s'exercer sur deux pays placés dans des conditions exceptionnelles, il n'en accuse pas moins un progrès considérable dans les idées libre-échangistes. A ce titre, il a droit aux félicitations de l'école et de tous ceux qui pensent comme elle.

Qu'il nous soit permis, en terminant, d'appeler l'attention de l'industrie française sur le rôle considérable qu'elle pourrait jouer au Canada si elle se décidait à y établir des succursales et à entrer dans la voie de l'émigration industrielle. Il n'y a qu'à jeter les yeux sur les articles désignés plus haut, pour se convaincre que nos fabricants pourraient, avec bien peu d'efforts, entrer en lutte avec les Américains, pour les mêmes articles et leur faire concurrence sur leur propre terrain. Le Canada, moins bien outillé industriellement que les États-Unis, verrait avec plaisir venir à lui de nouvelles industries, ou s'agrandir la sphère de celles qu'il possède déjà. Nous n'avons pas de doute que, pour favoriser un pareil mouvement, le gouvernement ne vînt en aide à celles qui lui paraîtraient le mériter. Du reste la chose a déjà lieu pour de certains commerces et nous lisons dans les journaux de Montréal l'annonce de deux maisons du Midi de la France qui viennent de fonder des succursales dans cette dernière ville. Nous apprenons, en outre, que plusieurs ouvriers de Paris partis pour le Canada, il y deux ans, ont été assez habiles ou assez heureux, pour s'établir à leur compte et organiser de petites industries. Ce que nous proposons ici est aujourd'hui pratiqué sur une échelle réduite et n'a rien d'insolite. Nos industriels n'auraient donc qu'à pénétrer dans un terrain en partie défriché, et à examiner la question sur les lieux mêmes. Nous sommes convaincu qu'ils en reviendront tout à fait convertis à nos idées et qu'ils ne tarderaient pas, une fois bien renseignés, à fonder au Canada, des établissements qui, appelés à grandir avec le pays, peuvent par cela même compter sur un avenir des plus prospères.

Paris. Typ. A. PARENT, rue Monsieur-le-Prince, 31 .